La Consulenza Assicurativa

MARCO MARGARESE

SOMMARIO

- Prefazione   pag. 3
- La Consulenza Assicurativa   pag. 7
- Il Consulente Assicurativo ed il Cliente   pag. 14
- Le Esigenze Assicurative del Cliente   pag. 29
- L'Importanza del Cliente   pag. 47

A chi crede in me

Prefazione

In molti casi ho dovuto riconoscere che l'origine etimologica di una parola svela in modo impeccabile e preciso l'uso, anche inconsapevole, che molti di noi fanno di un particolare termine. Per chi come me ama la storia, scoprire le tracce del passato che influenzano ancora il presente regala una sensazione di pura magia ed emozione, sia che si tratti di un dipinto esposto in un museo o di un vocabolo che utilizziamo quotidianamente nel nostro parlare quotidiano. Così, non appena entrai in contatto con il complesso mondo dell'intermediazione assicurativa e finanziaria, decisi di individuare le radici della mia professione, cercando di scoprire nel termine "Consulenza" qualche risposta in più alle tante domande che spesso mi ponevo, a proposito del sapere consigliare e supportare gli altri nell'intraprendere determinate scelte. Mi è bastato inserire il termine e ricercarlo attraverso un motore di ricerca sul web, per scoprire quante decine di diverse consulenze esistano: medica, legale, informatica, politica, scientifica, psichiatrica, economica, editoriale, giudiziaria, etica, per citarne soltanto alcune. Praticamente non esiste ambito lavorativo e professionale senza una qualche forma di Consulenza. Infatti penso che qualsiasi esperienza professionale e personale possegga al suo interno una qualche forma di consulenza, fornita o ricevuta. Tuttavia ciò che accomuna le diverse forme di Consulenza deriva dal significato etimologico del termine stesso, che fa riferimento al sapere supportare ed assistere il cliente. Il verbo latino consulo, da cui deriva il corrispettivo ed attuale termine italiano, esprime il concetto di consigliare e venire in aiuto. Tuttavia i latini, con la loro enorme saggezza, utilizzavano il termine consulo anche per esprimere concetti come il prendersi cura di un'altra persona, analizzare ed interrogarsi su un problema, esaminare e considerare attentamente una determinata situazione. Ecco che, ritornando all'importanza della provenienza etimologica di cui vi parlavo in precedenza, si iniziano a delineare i tratti essenziali del significato profondo del fare consulenza. Di conseguenza, il bravo consulente non è colui che trasferisce in modo passivo ed asettico le informazioni richieste dal suo cliente, ed una volta terminato tale processo si disinteressa dell'aspetto emotivo e delle conseguenze del suo operato. Anche per via del mio percorso di studi di stampo economico e psicologico, ho sempre creduto che alla base di una buona consulenza ci sia una profonda comprensione empatica del cliente da parte del consulente. Ogni consulenza è indubbiamente diversa dall'altra. Ma non solo perchè varia l'interlocutore della nostra consulenza, ma anche perchè sono diverse le indicazioni che forniamo. Ovviamente una consulenza artistica sarà diversa da una assicurativa, così come una consulenza legale sarà differente da quella psicologica. Infatti varieranno i contenuti, l'approccio utilizzato, le modalità di comunicazione delle informazioni e probabilmente anche il contesto in cui si svolge la consulenza stessa. Ma soprattutto varia la qualità e l'intensità della relazione che governa il processo stesso della consulenza. Sebbene sia fondamentale, da parte di un bravo consulente, la capacità di comprendere pienamente le richieste del cliente, fornendogli delle soluzioni chiare e dettagliate, nessuno di noi può stabilire a priori la qualità dell'interazione che s'instaurerà con l'interlocutore. E allora cosa succede durante il processo di consulenza assicurativa?

CAPITOLO 1

La Consulenza Assicurativa

Durante il mio lavoro mi trovo a fornire decine di consulenze a settimana, e sebbene i principali contenuti di riferimento siano sempre analoghi (aspetti assicurativi e finanziari), con alcuni clienti riesco ad instaurare un dialogo più intenso e coinvolgente rispetto ad altri. Le variabili indipendenti, per utilizzare in prestito un gergo della psicologia sperimentale, sono molteplici: la reciproca simpatia o antipatia, la tipologia dell'argomento, l'interesse e l'attenzione dell'interlocutore, il mio livello di affaticamento mentale, la mia capacità d'individuare il problema, etc. E' praticamente impossibile controllare contemporaneamente ciascuno di questi aspetti, anche perchè molti non dipendono da noi, bensì da chi abbiamo davanti; ciononostante questo non significa che non è possibile fornire una buona consulenza ad ogni persona che la richiede. Come vi raccontavo, incontrando centinaia di persone ogni anno, capita sovente che s'instauri un rapporto simpatico con alcuni clienti. Se ci incontriamo per strada ci fermiamo a parlare di argomenti extralavorativi, ci scambiano gli auguri per Natale e spesso quando ritornano per ulteriori informazioni, preferiamo affrontare i problemi davanti ad un buon caffè, in un ambiente più informale. Tengo a precisare che questo avviene con alcuni, ma non con tutti. Tuttavia questo non significa che i clienti con cui non mi fermo a sorseggiare un caffè siano insoddisfatti della mia prestazione professionale o non siano rimasti soddisfatti delle informazioni che ho fornito loro. Anzi tendono a ricercarmi praticamente con la stessa frequenza degli altri clienti con cui si è instaurato un rapporto più informale. Questo casistica personale suffraga un concetto chiave che sta alla base di qualsiasi forma di consulenza: l'importanza di comprendere le necessità del cliente fornendogli delle informazioni chiare e precise senza lasciarsi influenzare dalle valutazioni personali. Questo aspetto acquisisce una rilevanza particolare per il consulente assicurativo dove il ruolo sociale acquista una imprescindibile valenza, in virtù della nostra capacità di tutelare il cliente da rischi ed imprevisti in cui può imbattersi nel corso della sua vita. Infatti l'analogia che più spesso mi viene in mente, durante lo svolgimento della mia attività, è quella tra il consulente assicurativo ed il tattico dell'equipaggio di una imbarcazione. Il tattico possiede uno dei compiti più complessi e difficili durante lo svolgimento di una regata, perchè deve sapere prevedere in quali zone del percorso ci saranno le raffiche di vento più favorevoli all'andamento dell'imbarcazione. Ovviamente il tattico non è un oracolo, ma si basa su una profonda conoscenza della zona di mare su cui si svolge la regata, un'attenta analisi dei venti e su un profondo intuito, al fine di anticipare le mosse degli avversari. Allo stesso modo il consulente assicurativo deve saper prevedere quali siano le scelte assicurative più adeguate per tutelare il futuro del cliente, basandosi non sull'improvvisazione ma su una profonda conoscenza del cliente e delle sue esigenze. Potremmo dire che il consulente assicurativo e il tattico hanno in comune la capacità di valutare le scelte future (del cliente o della strategia dell'equipaggio), amalgamando attentamente le conoscenze passate (storia del cliente o informazioni sulla zona di mare), con quelle presenti (richieste attuali del cliente o analisi degli andamenti ventosi). Inoltre sia il tattico che il consulente assicurativo agiscono in un contesto dinamico ed in continua evoluzione. Infatti da una parte ci sono le mutevoli condizioni atmosferiche, dall'altra c'è la relazione-interazione con il cliente che non è mai statica. Tuttavia basandosi su alcuni criteri chiave della consulenza assicurativa, il professionista potrà giungere con una buona accuratezza a formulare delle soluzioni adeguate a tutelare il futuro del cliente. Infatti, così come il tattico ha il dovere morale di considerare le scelte più opportune per il suo equipaggio, alla stessa maniera il consulente deve possedere sempre l'obiettivo di fornire le soluzioni che più si adattino alle esigenze del cliente. Ovviamente questo rappresenta un modus operandi che rientra essenzialmente nell'ambito dell'etica lavorativa di qualsiasi professionista che si rispetti. Quando svolgo il mio lavoro cerco sempre di fornire delle informazioni utili che vadano bene per le richieste del mio interlocutore. Ogni cliente ha le sue esigenze precise, anche se il tema di riferimento è il medesimo.

Supponiamo per ipotesi che ci siano due clienti, i signori M. ed L. Il Signor M. è un tipo affabile ed estroverso, subito pronto ad ascoltare i consigli con attenzione e fiducia. Il signor L. manifesta un atteggiamento diffidente e dubbioso, ipercritico e tendenzialmente oppositivo. Entrambi desiderano ricevere delle informazioni su una eventuale copertura assicurativa a tutela degli infortuni. Il Signor M. è un elettricista che lavora in proprio, è sposato, e l'unico sostentamento alla famiglia proviene unicamente dal suo guadagno. Invece il Signor L. è un avvocato, single, che possiede la passione per il tennis, sport che pratica regolarmente il fine settimana. Come potete notare l'ambito di riferimento è lo stesso (copertura a tutela degli infortuni) ma le soluzioni radicalmente differenti. Il Signor M. necessita di una copertura completa, che lo tuteli per gli eventuali giorni di lavoro persi a causa di un infortunio e che possa garantire la sopravvivenza della famiglia anche nelle situazioni più drammatiche (invalidità o morte del capofamiglia). Anche il Signor L. necessita di una copertura assicurativa per infortuni, ma lui non svolge un lavoro a rischio ed inoltre non possiede una famiglia da tutelare. L'unica fonte reale di rischio è di natura extraprofessionale (l'hobby del tennis praticato il fine settimana). Per tali ragioni le offerte proposte avranno caratteristiche differenti e saranno mirate ad offrire soluzioni valide indipendentemente dalla simpatia o antipatia del cliente. Infatti se dessi soltanto consigli utili alle persone che mi stanno simpatiche e delle informazioni errate a chi mi è antipatico starei distorcendo la qualità della mia professione oltre che la mia etica lavorativa. Sicuramente è auspicabile oltre che fantasioso desiderare che tutti gli interlocutori siano gentili e bendisposti come il Signor M., ma tuttavia credo che un buon misuratore del lavoro del consulente provenga in gran parte dai risultati ottenuti con gli interlocutori più simili al Signor L. Infatti, se la relazione instaurata con il cliente è caratterizzata spontaneamente dalla reciproca intesa, sarà molto più semplice (oltre che immediato) offrire la propria empatia e un'attenta analisi della situazione. Sebbene possa apparire più efficace e ben riuscita, una consulenza rivolta ad un interlocutore disposto a dare fiducia e ad ascoltare, vi posso garantire, per esperienza personale, che i veri successi che mi entusiasmano maggiormente sono quelli ottenuti con i clienti maggiormente restii e diffidenti.

CAPITOLO 2

Il Consulente Assicurativo ed il Cliente

Sovente accade che un cliente, a cui ho fornito parecchie volte diverse consulenze, e che abbia apprezzato la qualità del mio lavoro, riponga completa fiducia sulle mie indicazioni. Mi sento dire delle frasi del tipo "mi consigli lei che trova sempre la soluzione assicurativa corretta" oppure "mi indichi il prodotto giusto, tanto so che posso dormire sonni tranquilli". Se da una parte non nego la profonda soddisfazione che queste affermazioni suscitano dentro me, dall'altra parte sono sincero nel dirvi che in questi momenti è come se emotivamente mancasse qualcosa al termine del mio lavoro. Scherzosamente dico sempre ad un mio cliente di vecchia data: "Tu devi pormi più domande quando ti rivolgi a me. Devi avanzare più problemi alle mie ipotesi, perchè con te è tutto troppo facile. Io parlo e dopo qualche minuto tu mi dai l' assenso. Non c'è quasi gusto !". Tuttavia, per raggiungere tale grado di fiducia con queste persone, è stato necessario un lungo periodo , in cui i miei consigli si sono rivelati utili e produttivi. Infatti, è pur vero che nessun cliente si fiderebbe ciecamente di un consulente al primo appuntamento, soprattutto quando si parla di dover scegliere con cura un prodotto assicurativo rispetto ad un altro. Inoltre ricevere fiducia non equivale ad assenza di responsabilità. Anzi, certe volte, l'eccessiva fiducia può causare una più facile delusione in caso di errore di valutazione del consulente. Quindi sto sempre attento a non abbassare la guardia, perchè un rapporto di fiducia può trasformarsi, per un piccolo errore, in uno di completa diffidenza. Inoltre i clienti che si fidano completamente del consulente, nella maggior parte dei casi non si sforzano di capire a fondo le soluzioni proposte. Per cui è probabile che alla prima difficoltà siano molto più confusi e pretenziosi di clienti più pignoli che hanno preferito conoscere ogni dettaglio delle soluzioni proposte dal consulente. Di conseguenza l'impegno nel mio lavoro non subisce flessioni dinnanzi ad un interlocutore disponibile e collaborativo. Anzi cerco di essere più attento nella formulazione delle soluzione proposte, cercando di non lasciarmi influenzare dalle componenti emotive che animano i rapporti di amicizia o più confidenziali. Tuttavia non mi esimo dal rivelarvi che la vera anima dell'attività del consulente emerge proprio nei casi più difficili e complessi. La diffidenza e le perplessità del cliente non devono mai costituire un ostacolo invalicabile, ma a mio parere costituiscono la pietra miliare su cui si basa il nostro lavoro. Se riusciamo a valicare le perplessità del nostro cliente , con soluzioni chiare ed efficaci, potremo ritenerci veramente soddisfatti del nostro operato.

Credo che in qualsiasi tipo di relazione la fiducia non si regala ma si conquista. Anzi ritengo che una giusta dose di diffidenza favorisca assolutamente l'interazione tra due persone. Soprattutto quando un professionista fornisce delle soluzioni assicurative, è assolutamente necessario il punto di vista del cliente, per fare in modo che le soluzioni si adattino il più possibile alle sue specifiche esigenze. Il consulente non è un oracolo o un profeta, che non appena ha davanti a sé un cliente riesce ad intuire le migliori soluzioni da proporre. Ed è giusto che non si senta tale, perchè ogni individuo necessita di soluzioni specifiche, dato che ognuno di noi ha delle precise esigenze diverse dagli altri. Durante il mio lavoro di consulente assicurativo mi capita sovente di essere contatto da clienti che non conosco personalmente, ma che hanno in precedenza sottoscritto delle polizze assicurative. Ovviamente, prima dell'incontro, cerco di recuperare più informazioni possibili sulle esigenze assicurative di questi clienti, consultando le caratteristiche delle polizze che hanno sottoscritto.

Non vi nego che, molto spesso, preparo dei progetti da proporre a questi clienti, con eventuali migliorie o modifiche delle garanzie assicurative che, a mio parere, andrebbero ad integrare le coperture delle polizze precedentemente sottoscritte. Alcuni clienti si dimostrano entusiasti delle mie soluzioni accogliendo positivamente le mie proposte, ma altri mi disorientano completamente, mostrando interesse per altri aspetti da tutelare assicurativamente che inizialmente neanche avevo contemplato. Nel primo caso sono stato bravo ad intuire ma è nel secondo che dimostrerò se saprò fare il mio lavoro, calibrando la mira in virtù delle loro reali esigenze. Di conseguenza, è facile intuire, che la nostra consulenza non costituisce un processo asettico avulso dal cliente, ma bensì è proprio all'interno della relazione commerciale che il lavoro del consulente raggiunge l'apice della sua efficacia. Infatti, dinnanzi ad un cliente passivo e poco interessato, anche se offrissi accuratamente delle soluzioni, non avrò raggiunto alcuno scopo e sarà come aver gettato un sassolino in uno stagno: non resterà più alcuna traccia del mio lavoro di consulente, ma soltanto poche nozioni che in breve tempo si dissolveranno come onde concentriche sulla superficie dell'acqua. Detto questo credo di aver evidenziato le prime tre caratteristiche fondamentali della buona consulenza:

1) soltanto all'interno della relazione con il cliente è possibile far emergere delle soluzioni realmente efficaci. Un interlocutore passivo e scettico non susciterà nel consulente alcuna intuizione, svilendo l'intero processo ad un monologo improduttivo. D'altra parte il mio retaggio di studi psicologici mi ha sempre insegnato che tutto nasce dalla relazione. Proprio per tale ragione è impensabile offrire una consulenza mono-direzionale, ovvero senza un reale interscambio di informazioni che permettono di affinare e correggere costantemente le soluzioni proposte dal professionista. Si potrebbe pensare di fare consulenza per posta elettronica o in un forum, ma a mio parere in modo molto superficiale e poco diretto.

2) La consulenza non è un processo univoco, ovvero uguale per tutti, come una sorta di farmaco in cui il principio attivo è valido per uno specifico gruppo di patologie, ma bensì va sviluppata insieme al nostro cliente ed in rapporto alle sue specifiche esigenze. Se non so che il mio cliente ha stipulato da poco tempo un mutuo, non potrò mai proporre la polizza più importante che in questa fase della sua vita dovrebbe sottoscrivere: una copertura assicurativa che tuteli la famiglia nel caso di premorienza del capofamiglia.

3) Colui che cerca una reale consulenza lo fa perchè desidera realmente delle soluzioni a delle criticità. Il bisogno di avere delle risposte caratterizza il cliente che, con molta probabilità, produrrà un processo di consulenza migliore.

Queste tre caratteristiche che emergono costantemente durante lo svolgimento di qualsiasi attività di consulenza convergono in un assioma fondamentale: la critica migliora il nostro lavoro e ci permette di svolgerlo sempre meglio. D'altra parte il cliente esigente è colui che realmente desidera ricevere consulenza, non un surrogato di conoscenze che non trovano nessuna corrispondenza con le sue specifiche criticità. Infatti il bravo professionista deve riuscire ad individuare le precise soluzioni che possano soddisfare le richieste di quel particolare cliente. Qualsiasi sia la consulenza che noi richiediamo , essa dipende dalle nostre esigenze soggettive che, ovviamente, saranno diverse da quelle di un'altra persona.

Molto spesso mi capita di giungere a proporre soluzioni assicurative simili sebbene le richieste iniziali dei clienti siano differenti. Mi viene immediatamente da pensare alla scelta, piuttosto comune di questi tempi, di accantonare dei soldi mensilmente in una sorta di risparmio forzato. Spesso lo consiglio ai genitori, dato che un prodotto del genere permetterà loro di accantonare del denaro utile per affrontare delle spese successive non appena i figli cresceranno. Ma allo stesso modo mi sono trovato nella situazione di proporlo anche a dei giovani lavoratori che, in questo modo, possono affrontare il proprio futuro in maniera un po' più serena. Le esigenze sono differenti e anche la consulenza seguirà tragitti differenti, sebbene la conclusione sia apparentemente identica.

Ecco rilevato un altro aspetto fondamentale: quando si fa consulenza non è possibile stereotipare delle soluzioni, ma ogni percorso è differente in virtù delle diverse criticità di ciascun cliente. Inoltre in alcune circostanze possiamo trovarci davanti a clienti con un preconcetto piuttosto radicato nei confronti del consulente assicurativo e degli eventuali prodotti offerti, questo perchè molte considerazioni sul mondo assicurativo derivano da una scarsa conoscenza delle varie soluzioni e da passate esperienze negative vissute personalmente o apprese da persone a loro vicine. Sebbene sia consapevole che non esiste un criterio univoco per affrontare determinate situazioni, anche in virtù di quanto affermato precedentemente riguardo alla soggettività delle richieste di ciascun cliente, credo che sia fondamentale, per offrire un buon servizio di consulenza, riflettere su cinque aspetti fondamentali.

Innanzitutto nei confronti del consulente assicurativo, in molti casi, esiste una sorta di diffidenza stereotipata dei clienti. Questo è dovuto da una scarsa conoscenza del cliente sia verso i prodotti assicurativi sia nei confronti del professionista che deve consigliare una determinata polizza. Molto spesso è facile lasciarsi influenzare da passate esperienze negative o da racconti di persone a noi vicine che hanno ricevuto delle cocenti delusioni alle loro aspettative verso un determinato prodotto assicurativo. Tuttavia è semplicistico credere che data la cattiva esperienza ogni prodotto assicurativo si rivelerà un fallimento. Prima di tutto dobbiamo chiederci se ci siamo rivolti ad un vero professionista. Così come un medico, un avvocato o un commercialista il consulente assicurativo potrà sbagliare nel proporre un determinato prodotto o nel spiegarlo accuratamente al cliente, o per scarsa conoscenza tecnica o perchè noi clienti non siamo stati ben capaci a descrivere precisamente le nostre esigenze, oppure il consulente non è stato così intuitivo da comprenderle. Proprio per questo è necessario rivolgersi a professionisti competenti e al momento del colloquio esprimere tutte le nostre esigenze ed evidenziare perplessità, domande o obiezioni. Ricollegandoci a quanto detto in precedenza l'eccessiva fiducia e la scarsa criticità del cliente fanno male al processo di consulenza, deteriorandone il risultato finale. Infatti il consulente non svolgerà bene il proprio lavoro credendo che l'interlocutore abbia tutto chiaro ed il cliente avrà compreso poco del prodotto consigliato, con il risultato nella maggior parte dei casi di scegliere delle soluzioni assicurative non adatte alle proprie esigenze e questo può portare a delle facili delusioni nel momento in cui si scoprono i dettagli della polizza. Di conseguenza, soprattutto nell'affrontare ambiti delicati e che stanno a cuore al cliente, il consulente deve cercare con grande sforzo di volontà ed impegno a non cadere nella trappola dello scontro verbale con il nostro interlocutore. Confronto d'idee ma mai diatriba verbale. Ammetto personalmente che non è sempre facile costruire un confronto sano e offrire una consulenza ben strutturata. Infatti capita di trovarsi davanti clienti particolarmente scettici e poco propensi ad accogliere determinate soluzioni assicurative, anche se risultano particolarmente adatte alle loro esigenze. Addirittura, in molti casi, questa tipologia di clienti opta per prodotti completamente inadatti e successivamente riversano l'insoddisfazione sul consulente. E' doveroso evidenziare che spesso è il consulente stesso che invece di proporre soluzioni, impone delle scelte veicolando l'interlocuzione verso un' inevitabile tensione tra lui e il cliente. Infatti è fondamentale proporre senza mai imporre le soluzioni proposte, avendo rispetto delle considerazioni, delle valutazioni e delle obiezioni di chi ci sta davanti. Soltanto così potremo migliorare il nostro operato e fornire una consulenza maggiormente dettagliata e mirata al nostro cliente. La soluzione assicurativa deve emergere dal continuo confronto tra le necessità del cliente e le nostre proposte, nel rispetto delle aspettative del nostro interlocutore. Ed è proprio questo aspetto di confronto costante che caratterizza la consulenza assicurativa. Infatti la prima caratteristica essenziale del nostro lavoro è che la consulenza può assumere diverse sfaccettature nel tempo per lo stesso cliente. Un ragazzo avrà necessità di stipulare un piano previdenziale per il suo futuro ma non appena diverrà padre di famiglia dovrà affiancare anche una polizza tcm (temporanea caso morte) per tutelare la propria famiglia. Ecco come la consulenza si evolve ed è necessario non abbandonare mai il cliente per supportarlo e consigliarlo durante le fasi salienti della sua vita per offrirgli le soluzioni assicurative più adatte, di cui egli molto spesso non è sempre consapevole. E' necessario per questo conoscere il nostro cliente e non limitarci alla vendita del prodotto singolo come negli altri ambiti commerciali, ma offrirgli sempre nuove soluzioni in accordo ad eventuali cambiamenti di vita, qualora ci fossero e di cui lui non ne è sempre consapevole.

La seconda caratteristica riguarda l'importante ruolo sociale del consulente assicurativo. Infatti sovente, prima di fermarmi a parlare con un cliente su temi particolarmente delicati, mi concentro a riflettere sulle ipotetiche conseguenze che un mio consiglio errato potrà provocare nel futuro prossimo di una persona. Vendere un prodotto ad un cliente basandosi sull' hic et nunc è completamente differente dal sapere consigliare ad una persona un percorso assicurativo che risulterà determinante nel garantire la sua serenità futura, sia dal punto di vista economico che sociale. Per tale ragione la prima tappa del nostro lavoro consiste in un processo chiave che definirei Riflettere per far riflettere.

Le nostre esigenze non si palesano spesso con repentinità e chiarezza. Anzi, nella maggior parte dei casi, le esigenze più urgenti ci colgono spesso impreparati nel processo di adempimento della stessa. Questo perchè le necessità primarie variano in base a diversi fattori che si modificano continuamente. Ovviamente sono molteplici le tipologie di esigenze, tuttavia il consulente deve monitorarle soltanto alcune, per fornire un supporto valido a tutela delle scelte del cliente.

CAPITOLO 3

Le Esigenze Assicurative del Cliente

Il processo di consulenza assicurativa prevede, come abbiamo visto in precedenza, diverse variabili ma anche alcuni elementi costanti da tenere sempre in considerazione:

1) Tempo: le priorità assicurative di un giovane venticinquenne che vuole consolidare la sua posizione pensionistica, non sono le stesse di un cinquantenne che deve tutelare la famiglia o il futuro dei figli. Di conseguenza è fondamentale tenere sempre in considerazione tale parametro, per far emergere l'esigenza primaria legata all'età del cliente. Il bisogno può essere esplicito, nel caso in cui il cliente lo evidenzi spontaneamente, oppure implicito o addirittura oscurato da altri bisogni apparenti. Dato che

non tutti i clienti possono tutelare completamente ogni esigenza assicurativa (per ovvie ragioni economiche), la consulenza deve far emergere le necessità primarie, in fase iniziale, e successivamente convincere il cliente dell'importanza di tali esigenze rispetto alle altre. Molto spesso mi capita d'incontrare ragazzi neopatentati, che carichi d'entusiasmo, sono pronti ad impegnare parte del proprio stipendio per assicurare e mantenere un'auto vistosa e potente. Certe volte, un calcolo rapido, mi fa mettere in evidenza che il costo per la polizza di Responsabilità Civile comprensiva di garanzie per Incendio, Furto e Atti Vandalici ammonta a circa 180-200 euro mensili. Per chi non ha particolari difficoltà economiche può non risultare un problema; invece per chi non possiede elevati guadagni mensili, nel momento in cui mi soffermo nella mia consulenza, è ovvio far notare che sarebbe più consono e previdente destinare il 20% del proprio stipendio per tutelare il futuro, al fine di potere affrontare serenamente il percorso di vita. Con questo esempio voglio dimostrarvi che non sempre le esigenze sono palesi. Tuttavia è certo che, prima o poi, si manifesteranno (potere contare su una pensione adeguata). Attualmente queste esigenze non sono attualizzate nel tempo, oppure celate da bisogni secondari (auto vistose). Il consulente deve prima individuare l'esigenza della necessità assicurativa e, successivamente, trasmettere l'importanza della tutela. Ovviamente la fase della trasmissione della tutela è piuttosto complessa, e deve essere preceduta da un'attenta valutazione delle esigenze che corrisponde alla prima fase del processo. Se non effettueremo un'attenta valutazione non potremo mai tramettere delle esigenze reali, perchè il cliente non le individuerà mai come proprie, in quanto non coincidenti con il suo sistema di valori. Una volta effettuata con accuratezza l'indagine dei bisogni ci sarà la seconda fase, ancora più complessa, dato che dovremmo riuscire ad attualizzare nel presente dei bisogni futuri, trasportando il cliente avanti nel tempo, per fargli rendere conto dell'importanza delle scelte dell'hic et nunc per determinare un futuro il più possibile sereno ed in linea con le nostre aspettative. In un'unica parola, dobbiamo far comprendere al cliente che non esiste rimedio alla fatidica frase "Se ci avessi pensato qualche anno fa". Ovviamente non è un processo semplice, ma tramite le meccaniche empatiche e relazionali di cui abbiamo parlato in precedenza, potrete condurre per mano il cliente e fargli immaginare insieme a voi due ipotetici futuri realizzabili: con o senza una tutela assicurativa adeguata. Questo processo ovviamente è determinato dall'accuratezza delle nostre valutazioni delle esigenze assicurative di quello specifico cliente (differente da un altro), e questo dipende dall'attenta concertazione degli altri fattori che, come il tempo, sono assai determinanti.

2) Ritmo: qualsiasi tipo di relazione, anche quella professionale che lega il consulente al cliente, mantiene un andamento peculiare che scandisce i momenti comunicativi. Il direttore di un'orchestra detta i tempi, facendo in modo che ogni musicista sia in equilibrio con gli altri, e la sinfonia mantenga

sempre un ritmo omogeneo. Allo stesso modo il consulente deve essere in equilibrio con il cliente, cercando di rispettare i tempi della comunicazione. Se il consulente non sarà capace di entrare in sintonia con le esigenze ritmiche del cliente, il messaggio risulterà confuso e disarmonico, un po' come nel caso in cui, i suoni di diversi strumenti, si sovrappongano senza un ordine ben preciso. In questo caso non parleremmo più di armonia, ma di un frastuono musicale che farebbe infuriare qualsiasi spettatore del concerto. Se il professionista non segue il ritmo del cliente, il rischio è proprio quello di infastidirlo e non stabilire quella fondamentale empatia comunicativa necessaria per l'efficacia della consulenza. Il ritmo comunicativo si esprime maggiormente durante la conversazione. Se il cliente, dinnanzi a noi, necessita di calma e attenzione, una consulenza immediata accompagnata da un modo di parlare rapido e conciso potrebbe dissonare dalle aspettative del cliente, per quanto la qualità delle informazioni fornite dal professionista possano risultare adeguate ed efficaci. Viceversa un cliente che desidera soluzioni immediate potrebbe non gradire una comunicazione poco immediata e non incentrata sugli obiettivi della conversazione. Ovviamente sarà il consulente a valutare la modalità d'approccio dato che, come ho già ribadito diverse volte, non è possibile adottare uno schema definito con tutti i clienti così come non esiste una ricetta unica per tutti i commensali.

3) Rapidità ed efficacia della consulenza: è importante chiarire, per quanto riguarda la necessità del cliente di vedere rispettato il proprio ritmo comunicativo che, aldilà di qualsiasi circostanza, bisogna puntare a fornire una consulenza rapida, ben diversa dalla rapidità della consulenza. Nella nostra realtà quotidiana, schiava del tempo, delle scadenze e della puntualità, dove le informazioni viaggiano rapide grazie alla diffusione della multimedialità, penso che qualsiasi cliente possa apprezzare un servizio rapido ed efficace da parte di un valido professionista. Così come un medico che cura una malattia efficacemente in sette giorni, è più bravo di uno che

c'impiega un mese. Ormai quasi tutti i clienti, dall'impiegato al manager d'azienda, sebbene il tema di grande importanza, relegano degli spazi di tempo marginali alla scelta delle soluzioni assicurative. Proprio per questo un consulente esperto, deve saper concentrarsi sui dettagli utili forniti dal cliente per potere fornire una consulenza rapida, chiara ed efficace. Infatti, durante la mia pratica professionale, io stesso mi avvalgo di strumenti computerizzati, come i tablet o sistemi elettronici portatili per fornire informazioni immediate al cliente, come schede precontrattuali o documenti informativi. Questo perchè ritengo che la rapidità che si ottiene tramite determinati strumenti tecnologici, se abbinata ad una consulenza mirata ed approfondita, può soltanto risultare un vantaggio sia per il cliente che per il consulente. Ho utilizzato deliberatamente il termine abbinata proprio perchè ritengo che l'immediatezza dei sistemi informatici può soltanto supportare il lavoro consulenziale del professionista, ma mai sostituirlo. Posso fornire delle rapide informazioni o anticipazioni al cliente, ma ovviamente la consulenza è un processo informativo e conoscitivo radicalmente diverso, che può esplicitare la massima funzionalità soltanto durante il rapporto vis a vis con il nostro interlocutore. Sarebbe assai dispendioso in termini di tempo e poco funzionale per il cliente, se dovesse ritornare da noi per una semplice nota informativa su un particolare prodotto assicurativo o per ricevere alcuni dettagli aggiuntivi su un particolare tipo di polizza. Per tutto questo è sufficiente l'immediatezza dei sistemi informatici (rapidità) ma la chiarezza e l'efficacia si esprimono soltanto in un contesto relazione che vede come attori protagonisti il consulente assicurativo ed il cliente. L'esempio degli apparecchi tecnologici mi serve per suffragare la mia tesi, cioè che rispettare il ritmo del cliente non significa abbandonare un'approccio rapido e funzionale. Un esempio credo che renderà ancora più chiaro questo concetto. Una mattina incontrai l'Ing. B.V., uomo piuttosto distinto, che in un primo momento, sebbene necessitasse di diverse soluzioni assicurative relative alla sua Azienda, mi manifestò una certa premura ed esigenza di soluzioni immediate. Ovviamente, data la complessità dei problemi, non mi era possibile fornire delle risposte immediate senza avere un quadro più completo della situazione assicurativa dell'Azienda di proprietà del cliente. Nonostante ciò adottai un approccio immediato, presi appunti rapidamente, formulai delle ipotesi immediate e nel frattempo ponevo delle domande dirette per ricevere il maggior numero di informazioni utili per la mia indagine assicurativa. Non appena l'Ing. B.V. capii che poteva contare su un approccio consulenziale rapido e dinamico, paradossalmente invertii il suo ritmo relazionale. Si sedette in modo meno rigido, rallentò la sua velocità di linguaggio, rese più informale il suo stile espressivo, attenuò il tono della sua voce. Non appena compresi, anche attraverso il suo comportamento non verbale, che il ritmo iniziale, basato sulla rapidità, rappresentava soltanto un approccio difensivo, finalizzato a valutare la mia competenza professionale e la mia immediatezza nel recepire informazioni, cercai di attenuare il ritmo. Rassicurai il cliente che avremmo terminato in poco tempo, ma trattandosi di una problematica complessa, era necessario soffermarsi su alcuni aspetti importanti al fine di fornire delle soluzioni assicurative mirate, funzionali ed efficaci. L'Ing. B.V. Apprezzò ancora di più questo cambio di ritmo e fu propenso a soffermarsi su alcune informazioni basilari, valutando questo rallentamento dell'approccio iniziale come un vantaggio a fini di una corretta scelta dei vari prodotti assicurativi. Con l'Ing. B.V. Non ho fatto altro che sincronizzare inizialmente il mio ritmo al suo, per poi fare uniformare il suo approccio relazionale a quello più consono per favorire un'attenta indagine assicurativa. Il cliente stesso lo ha accettato, non gli è stato imposto forzatamente alcun ritmo, ma il suo stesso linguaggio del corpo si è gradualmente sincronizzato ed uniformato all'interno di una relazione professionale costruttiva. Così come il mio approccio si è adeguato e sincronizzato con l'Ing. B.V., in uno scambio reciproco dove non è il consulente ad esprimersi dinnanzi ad un interlocutore passivo, ma è il professionista che porta il cliente a lavorare ed elaborare soluzioni insieme a lui. Per ricreare questo ambiente di lavoro condiviso, caratterizzato da un clima positivo e costruttivo, bisogna innanzitutto sapere ascoltare e sapere ricevere obiezioni e correzioni da parte del cliente. Non dimentichiamo mai che fare consulenza significa innanzitutto sapere ascoltare il cliente. Di conseguenza la prima fase della sincronizzazione del ritmo consiste proprio nell'ascolto, come nel caso citato dell'Ing. B.V.

4) Codice (linguaggio): questo aspetto risulta strettamente interconnesso con il punto 3, ovvero l'efficacia della comunicazione. Infatti la consulenza assicurativa per essere efficace, ovvero assolvere pienamente ai bisogni ed alle richieste specifiche di ciascun cliente, deve essere interpretata chiaramente dai nostri interlocutori. Qualsiasi professionista , sebbene preparato, non potrebbe mai offrire una consulenza adeguata ed efficace senza un linguaggio chiaro e comprensibile, ovvero senza un codice di quali-

tà. La capacità di saper settare il proprio codice linguistico in base all'utenza che si ha davanti, non soltanto differenzia imprescindibilmente l'efficacia della consulenza assicurativa, ma in generale, qualsiasi oratore (politico, religioso, aziendale) che debba far comprendere l'essenza del proprio messaggio. Ogni giorno incontro decine di clienti con diverse estrazioni culturali e sociali e, sempre più spesso, all'interno delle nostre città multietniche, addirittura individui di altre nazionalità che, in molti casi, hanno scarsa familiarità con la lingua italiana. Per garantire a tutti una consulenza efficace, non posso utilizzare un codice linguistico univoco che potrebbe essere chiaro per una parte di clienti ma non per tutti. Per tale ragione il consulente assicurativo deve essere bravo a non trincerarsi dietro terminologie forbite e tecnicismi. Scherzosamente quando incontro alcuni colleghi del settore, diciamo che l'assicuratense non è un linguaggio comprensibile per la maggior parte dei clienti. Anzi molto spesso tende a confonderli, consolidando in loro il logo comune della eccessiva complessità del mondo assicurativo. Io stesso quotidianamente, prima di iniziare una consulenza, cerco di comprendere rapidamente l'interlocutore che ho davanti e durante la conversazione cerco di sintonizzare il mio linguaggio al suo per rendere empatica la conversazione, e rendere partecipe e coinvolto il cliente che, in tal modo, sarà più propenso ad esprimere chiaramente e senza imbarazzo le sue esigenze assicurative. Un cliente che si sentirà a proprio agio nella discussione sarà più attento e più recettivo alla nostra consulenza assicurativa, viceversa un interlocutore che non comprenderà il nostro messaggio riuscirà a comprendere poco del nostro operato professionale. Per questo ritengo che la fase del codice rappresenti un aspetto che nessun consulente assicurativo debba mai tralasciare nello svolgimento del proprio lavoro con la clientela.

5) Calma: "patientiam forti et virtute" dicevano i latini, ovvero la calma è la principale virtù dei forti. Il consulente assicurativo deve mettere quotidianamente a dura prova questa virtù. Reclami, lamente-

le, incomprensioni fanno parte del nostro lavoro giornaliero e molto spesso non è sempre facile gestire molteplici pressioni. Sicuramente la calma aiuta a gestire le situazioni più complesse ed attenuare i toni di qualsiasi incomprensione con i clienti. Infatti ritengo che proprio nei momenti difficili, che io personalmente definisco fasi criticamente a rischio, che emerge la qualità professionale del consulente assicurativo. Queste fasi sono molteplici durante lo svolgimento del nostro lavoro dal momento dell'accadimento di un sinistro, alla gestione di un indennizzo da parte della Compagnia assicuratrice, fino alle spiegazioni delle clausole di esclusione di un contratto di polizza. Ognuno di questi momenti può sovvertire improvvisamente l'empatia e la sintonia con il cliente, creando tensioni e criticità. Anche in caso di irascibilità dell'interlocutore, ricordiamoci sempre che la calma e la pazienza rappresentano l'unica soluzione percorribile per ripristinare la sintonia con il cliente, senza mai dimenticare che la consulenza efficace è quella che si esprime soprattutto nei momenti di difficoltà con il cliente.

6) Prodotti: ogni Compagnia Assicurativa possiede la sua gamma specifica di polizze relativa alle macro-esigenze di un individuo o di un'azienda. Per quanto specifici, è necessario che il consulente assicurativo adatti i prodotti corretto alle esigenze specifiche di ciascun interlocutore, per fornire una soluzione efficace alle sue precise esigenze. Questa caratteristica del nostro lavoro è profondamente legata all'etica professionale e sociale del consulente assicurativo, oltre che all'empatia ed alla cura del cliente. Consigliare un prodotto assicurativo invece che un altro è una scelta che, in molti casi, può condizionare il futuro economico o la stabilità di un intero nucleo famigliare. Per questo il consulente assicurativo ha un imprescindibile dovere morale ed una radicata funzione sociale nel momento preciso della sua consulenza al cliente. Ciascun individuo è diverso da un altro e come un bravo psicologo, anche il consulente deve sapere proporre un percorso assicurati-

vo adatto alle specifiche necessità ed esigenze di quell'individuo. La consulenza inizia fin dal momento della proposta delle soluzioni, prosegue nella scelta dei prodotti adeguati e accompagna il cliente per tutto il tempo che egli lo necessita. Molto spesso internet e le moderne tecnologie ci danno l'illusione che tutti possono fare tutto. Come un enorme discount il cliente può scegliere online qualsiasi prodotto: dalla tv, al telefono cellulare, fino ad arrivare ad acquistare una polizza assicurativa. Il mercato virtuale sforna con un ritmo forsennato prodotti a basso prezzo, ma in questa realtà telematica l'aspetto più importante diviene la vendita del prodotto nel minor tempo possibile, non più la vendita di un prodotto adeguato alle esigenze del cliente. D'altra parte come si potrebbe scegliere in pochi minuti qualcosa di specificatamente adatto alle proprie esigenze? Tuttavia il cliente che vuole acquistare sul web è ingannato inconsapevolmente dalla falsa credenza che il prezzo e la semplicità con cui si acquista una polizza online, bastino per assolvere le sue esigenze. Molto spesso i clienti che ricercano la consulenza con un professionista del mondo assicurativo, sono quelli che si sono resi consapevoli dell'inganno solo dopo brutte esperienze con il mercato assicurativo online, dove il prezzo sconfigge senza pietà la consulenza professionale. Tuttavia le sorti della diatriba prezzo/consulenza si stravolgono soltanto quando il cliente si trova sommerso dalle difficoltà e dall'assenza di qualsiasi servizio in casi specifici (sinistri, indennizzi, modifica delle condizioni contrattuali di polizza, etc.), abbandonando drasticamente il mercato online a favore di una consulenza più attenta e precisa da parte del professionista assicurativo.

Navigando su internet, o visitando i centri commerciali possiamo assistere ad un unico comune denominatore: l'enorme quantità dei prodotti disponibili e l'offerta basata sul prezzo. Volantini, cartelloni pubblicitari, banner sulle pagine web, allettano i clienti con prezzi esigui, rendendoci parte di un meccanismo vizioso basato sulla produzione di massa e sul tempo. Non è importante comprendere a fondo la qualità o le funzioni di un articolo, o di una polizza, la cosa importante è che costi poco. Proprio questa differenza segna inevitabilmente tra la vendita immediata e la consulenza propedeutica ad un acquisto (di polizza) mirato.

CAPITOLO 4

L'Importanza del Cliente

Aldilà dei luoghi comuni per cui è consuetudine affermare che il cliente ha sempre ragione, devo riconoscere che alla base della stessa consulenza c'è colui che la richiede. Per meglio dire non esiste nessun consulente senza che vi sia un cliente che richieda tale servizio. Il miglior consulente, preparato professionalmente sul proprio ambito tecnico o commerciale, non potrebbe manifestare la propria preparazione in assenza di qualcuno che la richieda. Di conseguenza è giocoforza ritenere che la vera consulenza è sempre finalizzata al servizio comunicativo e nè tantomeno alla trattativa né tantomeno al suo esito. Per questa ragione essere consulente significa saper supportare e comunicare con il cliente in ogni circostanza inerente alla nostra specializzazione professionale. Personalmente ritengo che è nostro dovere saper saturare ogni necessità richiesta dal nostro cliente relativa al servizio di cui ci occupiamo. Anche caratteristiche più noiose e apparentemente ininfluenti del nostro lavoro possono essere imprenscindibili per offrire un servizio di alta qualità e diversificare il nostro lavoro professionale da quello degli altri. Molti addetti del settore assicurativo e finanziario ritengono sufficiente il solo ambito consulenziale limitato all'offerta e spiegazione dei prodotti ed eventuale sottoscrizione dei contratti. Io credo invece che la consulenza non si fermi soltanto a questo. Vi sono tanti altri aspetti che rendono un professionista molto più attento e capace di altri agli occhi del cliente. Aspetti che possono apparire anche noiosi e avulsi dal nostro ambito professionale di consulenti assicurativi. Faccio un esempio pratico. A causa dei tempi ristretti e ritmi frenetici di vita non tutti i clienti possono recarsi presso il mio ufficio. Per cui, sovente, mi capita di raggiungerli personalmente sia per discutere di un'opportunità contrattuale sia per consegnargli copie dei contratti e procedere con la sottoscrizione di prassi. Ho potuto piacevolmente constatare che tale servizio, molto spesso ritenuto umiliante e poco professionale da molti colleghi, mi ha permesso di rinsaldare la fiducia con clienti molto impegnati con i quali non avrei mai potuto soffermarmi proprio a causa della loro impossibilità ad avere spazi liberi. Questo servizio ulteriore non soltanto ha arricchito la mia consulenza, ma mi ha contraddistinto agli occhi del cliente rispetto a molti altri consulenti assicurativi. Per cui il mio consiglio è di scendere dall' Olimpo dei professionisti in cui, molto spesso, alcuni consulenti rimangono arroccati e cercare di dimostrare umiltà e porre il cliente sempre al primo posto, perchè:

- essere umili permette di cogliere nuove opportunità professionali

- rinsalda la fiducia e la relazione con il cliente

- ci distingue dalla massa dei professionisti

- arricchisce la nostra consulenza con sfaccettature apprezzate dai clienti

Tuttavia mi preme evidenziare un aspetto che in molti casi non viene sufficientemente chiarito. Alcuni di voi che leggeranno questa mia considerazioni rimarranno probabilmente basiti se non addirittura in disaccordo. Tuttavia, in base alla mia esperienza professionale, vi posso garantire che è corretto evidenziare al cliente la differenza tra la nostra disponibilità professionale ed il rispetto del proprio ruolo di consulenti. Infatti si deve sempre evidenziare al cliente che qualsiasi nostro servizio aggiuntivo che può agevolare il cliente nella conclusione della trattativa non deve mai essere considerato dovuto o scontato. Anzi, qualsiasi nostro gesto di cortesia ed avvicinamento alle necessità del cliente, deve essere sempre recepito come una caratteristica unica della nostra consulenza ed un vantaggio che deve fare la differenza nella scelta della nostra professionalità rispetto a quella di altri consulenti. Ricordiamoci sempre che quello che rende il nostro lavoro realmente efficiente è il valore aggiunto che ci differenzia dagli altri colleghi. Supportare il cliente, consigliarlo, svolgere un lavoro efficace, rappresentano caratteristiche uniche che ci differenziano dagli altri consulenti. Tuttavia è necessario rendere consapevole il cliente di questi vantaggi, perchè in caso contrario non verranno percepiti come tali e di conseguenza verrano dati per scontati, con la conseguenza di non essere apprezzati. Inoltre, parliamoci chiaramente, ciò che rende realmente efficiente la trattativa è la consulenza, perchè il cliente è soddisfatto della sua scelta, noi siamo appagati professionalmente ed il prodotto soddisfa pienamente la sua valenza. Se ciò non si verificasse il cliente non soltanto si dimostrerebbe insoddisfatto, ma il prodotto stesso perderebbe la sua valenza venendo erroneamente valutato inutile, costoso o addirittura superfluo. Un giovane di 20 anni che non ha nessuno da tutelare valuterebbe inutile una copertura del nucleo familiare e considererebbe la mia professionalità inopportuna, a differenza di un genitore che la riterrebbe valida e d efficace.

Ed è proprio al giorno d'oggi che la consulenza qualitativamente efficace assume un ruolo imprenscindibile, soprattutto per i clienti.

Infatti assistiamo quotidianamente ad un processo di massificazione ed inglobamento che coinvolge qualsiasi settore commerciale. I grandi marchi internazionali "divorano" e metabolizzano le attività di stampo nazionale, a scapito delle piccole imprese che si trovano schiacciate dal confronto e dalla impari concorrenza. Questo fenomeno abbraccia ormai qualsiasi segmento di mercato: dal settore alimentare e della grande distribuzione, a quello bancario ed assicurativo. L'effetto più evidente di questo processo dettato dalla globalizzazione dei mercati è un nuovo approccio alla vendita, non più mirato e particolareggiato in base alle esigenze del territorio, bensì unificato e pianificato in base a specifiche esigenze aziendali. Per esempio, assistiamo sempre più frequentemente, al diffondersi dei grossi centri commerciali che sbaragliano la concorrenza delle piccole botteghe con prezzi vantaggiosi ed un'offerta enorme di prodotti , con innumerevoli vantaggi per il cliente. Questo fenomeno è osservabile anche in altri settori commerciali, come quelli conquistati dai più importanti brand di franchising fino a giungere al settore finanziario, dove i colossi bancari multinazionali inglobano inesorabilmente i marchi più deboli. Questo imponente processo di globalizzazione ed unificazione, se da un lato può apportare miglioramenti e benefici dalla prospettiva dell'omogeneità e della semplificazione di molti degli aspetti del mondo commerciale, dall'altra parte causa un'inesauribile svilimento della figura del professionista come artefice e promotore del servizio di consulenza. Ci sarebbe quasi da porsi un quesito: ha ancora un senso, dato l'attuale contesto economico e sociale, parlare dell'importanza della consulenza? Pensiamoci bene: rivolgendoci al nostro commerciante di fiducia potevamo contare, nella maggior parte dei casi, su un servizio chiaro ed esaustivo prima di scegliere il prodotto da acquistare. Probabilmente il tempo a noi dedicato era piuttosto ampio, concedendoci il tempo di conoscere le caratteristiche del prodotto e confrontarlo con gli altri disponibili. Nella maggior parte dei casi rappresentava anche un momento di dialogo sociale con il venditore che, all'interno della relazione commerciale, cercava solitamente d'impegnarsi il più possibile per supportare il cliente nella sua scelta. D'altra parte il venditore stesso era artefice della propria professionalità: infatti soltanto lasciando il cliente più contento possibile e soddisfatto dell'acquisto avrebbe alimentato la propria attività con una buona propaganda. Entrando sempre più nel dettaglio, possiamo anche aggiungere che la trattativa stessa non era principalmente sul costo del prodotto, bensì sul delicato equilibrio del rapporto qualità-prezzo. Inoltre è doveroso ricordare che il buon fine della trattativa dipendeva dall'abilità del venditore che, sebbene le buone intenzioni all'acquisto del cliente, doveva sempre convincerlo nella conclusione della transazione. Altro aspetto fondamentale da rilevare era la ridotta quantità di prodotti disponibili, che sicuramente, favorivano più facilmente la scelta del cliente. Infatti, molto spesso l'eccessivo assortimento è causa di confusione, soprattutto quando manca una conoscenza approfondita del prodotto. Ed è proprio nel grande caos dell'offerta commerciale che il consulente, come una bussola, deve saper guidare il cliente verso i suoi principali obiettivi, orientandolo verso decisioni mirate ed efficaci che, attraverso la scelta dei giusti prodotti assicurativi, lo supporteranno durante tutto l'arco della sua vita.

www.ingramcontent.com/pod-product-compliance
Lightning Source LLC
Chambersburg PA
CBHW072251170526
45158CB00003BA/1049